Trois règles simples

Trois règles simples
Une manière de vivre wesleyenne

Rueben P. Job

Abingdon Press
Nashville

Trois règles simples

Ce livre est imprimé sur du papier exempt de chlore.

ISBN-13: 978-0-687-65443-7

08 09 10 11 12 13 14 15 16—10 9 8 7 6 5 4 3 2 1
MANUFACTURE AUX ETATS-UNIS D'AMERIQUE

Table

« Quelle est donc la marque distinctive ? Qui, à votre avis, est un méthodiste ? » Je réponds : un méthodiste est quelqu'un qui a « l'amour de Dieu versé en son cœur par le Saint Esprit qu'il a reçu » ; quelqu'un qui « aime le Seigneur de tout son cœur, de toute son âme, de tout son esprit et de toute sa force. Dieu est la joie de son cœur et le désir de son âme. Constamment, il s'écrie : « Qui ai-je au ciel, en dehors de toi ? Et sur terre, il n'y a personne que je désire, en dehors de toi ! Mon Dieu et mon tout ! Tu es la force de mon cœur et ma part pour toujours ! »

—John Wesley, « Le caractère d'un méthodiste » ; in *Works*, vol. 8 ; p. 341

Préface

TROIS REGLES SIMPLES
qui vont changer ton monde

Il existe trois règles simples qui ont le pouvoir de changer le monde. Bien qu'elles soient anciennes, on n'a que rarement essayé de les appliquer jusqu'au bout. Mais lorsqu'elles ont été mises en pratique à quelque part, l'état des choses tel qu'il existait a été changé au point qu'un nouvel ordre, un monde nouveau a été formé. Le mouvement wesleyen est un excellent exemple de cette nouvelle création qui est mise en place quand ces trois règles simples sont adoptées comme manière de vivre.

Nous vivons dans un monde si rapide, frénétique et complexe que l'on peut aisément en arriver à croire que nous sommes tous amenés, malgré nous, à être quelqu'un que nous ne souhaitons pas être, et à vivre une vie que nous ne désirons pas vivre. Nous aspirons à trouver un moyen de passer au travers des complexités et des turbulences de la vie quotidienne. Nous cherchons comment surmonter tous les facteurs de division qui séparent, dénigrent, génèrent le manque de respect, abaissent et nous laissent blessés et incomplets.

Trois règles simples

Nous savons, au fond de nous-mêmes, que le chemin sur lequel nous avançons n'est ni sain, ni moralement juste et qu'il ne peut mener à un résultat positif. Nous avons peur qu'il n'y ait pas d'issue.

Le chemin sur lequel nous avançons est devenu si routinier que seul un changement radical peut nous éjecter hors des profondes ornières de notre dilemme. Ce changement radical est possible parce que nous voyons que continuer comme nous l'avons fait jusqu'ici aurait un coût écrasant. Continuer comme jusqu'ici n'est plus une option valable. Les risques sont trop grands et les résultats trop coûteux. Mais de quel côté nous tourner, que faut-il faire ?

Pour chercher de l'aide, nous nous tournons vers Celui qui nous a créés, formés et nous aime tels que nous sommes, en même temps qu'il ne cesse de chercher à nous conduire à devenir plus que nous ne sommes. Quand on lui a demandé quel était le premier des commandements, Jésus a répondu : « '…tu aimeras le Seigneur ton Dieu de tout ton cœur, de toute ton âme, de toute ta pensée et de toute ta force.' Voici le second : 'Tu aimeras ton prochain comme toi-même'. Il n'y a pas d'autre commandement plus grand que ceux-là » (Marc 12 : 29-31). Nous avons là le fondement et les instructions pour une bonne vie dans la foi à tout âge. C'est une déclaration à la fois simple et profonde. Elle est facile à comprendre et met au défi d'essayer. Elle reste un guide vers la forme la plus haute de la fidélité et contient toujours la promesse d'un style de vie à la fois gratifiant et fructueux pour l'avancement du Royaume de Dieu sur la terre comme au ciel.

Nous nous tournons aussi vers nos racines et cherchons ce qui, dans le passé, a rendu des personnes comme nous capables de vivre courageusement et fidèlement à leur époque. Quel a été leur lien avec Dieu, avec la présence de Dieu et sa puissance ? Qu'est-ce qui les a réunis dans un effort commun qui les stimulait et les transformait en un mouvement saint et juste ? Ils avaient besoin, et avaient visiblement trouvé un instrument qui, lorsqu'il était utilisé, les amenait à un lieu de transformation.

Je crois que nous avons atteint un stade où, en tant que peuple des croyants, nous sommes prêts à envisager sérieusement une autre voie, une manière plus fidèle de vivre en tant que disciples de Jésus-Christ. Cette voie doit être si évidente qu'elle puisse être enseignée et mise en pratique par chacun. Elle doit être accessible et attractive pour les jeunes et les vieux, les riches et les pauvres, les puissants et les faibles et les tenants de tous les courants théologiques. C'est une tâche considérable, mais nous avons déjà en mains le plan de cette manière de vivre. Et avec l'aide de Dieu et notre bonne volonté, elle peut changer notre monde.

Cette manière de vivre a été donnée à John Wesley en un temps assez semblable au nôtre. Il a pris ce plan, l'a étoffé, l'a enseigné et mis en pratique. Maintenant, il nous a été transmis. C'est à nous désormais de voir si nous voulons le prendre, l'enseigner, le mettre en pratique jusqu'à ce qu'il devienne notre manière de vie normale – une manière de vivre qui va caractériser notre vie en commun tout autant que nos vies de chrétiens individuels. Certains ont déjà commencé à pratiquer cette manière de vivre et je crois que beaucoup d'autres sont prêts à essayer. Je vous invite à lire les pages qui suivent pour voir si vous êtes prêts pour ce changement de direction radical, axé sur ces trois simples règles :

1. Ne fais pas le mal
2. Fais le bien
3. Demeurez dans l'amour de Dieu

Rueben P. Job
Automne 2007

Introduction

LE MONDE DANS LEQUEL NOUS VIVONS

La plupart d'entre nous n'avons jamais imaginé que nous vivrions dans un monde aussi divisé. Les gens de mon âge, qui ont vécu l'époque de la deuxième guerre mondiale, étaient convaincus que notre monde serait rassemblé dans un cadre d'harmonie, de paix et d'abondance. Les sacrifices consentis avaient été tellement énormes que nous étions certains que nous ne permettrions jamais plus que notre monde soit à nouveau si divisé. Mais nous voici, dans un monde où les divisions s'approfondissent presque de jour en jour. Nous avions cette attente naïve de croire que, naturellement, nous deviendrions meilleurs au fur et à mesure que nous serions plus instruits et participerions à une plus grande part des richesses du monde. Cela semblait un chemin naturel et facile à suivre. D'avoir oublié les luttes et les sacrifices du passé a sans doute mené à une complaisance qui n'a pas suffisamment pris au sérieux la communauté et qui a négligé notre vocation à être fidèles à l'évangile de Jésus Christ.

Mais hélas, le monde de paix et d'abondance pour tous ne s'est pas matérialisé. Les nations sont de plus en plus hostiles les unes envers les autres ; les communautés sont divisées au sujet de l'éducation, du développement, et du status quo. La religion est divisée, chacun affirmant qu'il détient pleinement la vérité. Les dénominations et les églises locales sont divisées au sujet de la doctrine, de ce qu'est un disciple fidèle et un péché mortel. Et les familles sont divisées par des objectifs concurrents, des priorités rivales et la pression quotidienne de la survie et de la croissance dans une culture toujours plus compétitive.

Je reçois fréquemment des courriers de groupes religieux dont l'objectif semble être plutôt de diviser et de conquérir, que de nourrir et de soigner. Bien souvent, le discours tient plutôt du potin que de la vérité dite dans l'amour et visant à la découverte et à la réciprocité. La division, l'esprit de parti, la critique acerbe, non seulement de positions mais de personnes, n'ont pas fortifié les dénominations, communautés, congrégations, familles ou individus. Plus les voix sont fortes et plus la rhétorique est stridente, plus nous devenons nous-mêmes faibles et blessés. Notre témoignage de l'amour salvateur de Dieu perd de son authenticité et de sa puissance aussi longtemps que nous continuons à ne pas vouloir être réconciliés.

Ceux qui cherchent à suivre Jésus doivent se demander si c'est bien ainsi que les chrétiens sont appelés à vivre. Sommes-nous vraiment à la hauteur de notre vocation en tant qu'enfants de Dieu ? Y a-t-il une meilleure manière de vivre notre foi ? Une manière si simple et si convaincante que personne n'est rebuté et que tous sont en mesure de la pratiquer quand nous nous engageons ensemble dans notre recherche d'une pratique de vie fidèle ?

Sommes-nous la réponse vivante à la prière de Jésus : « Père saint, garde en ton nom ceux que tu m'as donnés, afin qu'ils soient un comme nous sommes un » (Jean 17 : 11b) ? Nous regardons-nous les uns les autres et décelons-nous un mouvement en direction de notre unité en Christ ? Est-ce que d'autres nous regardent et voient Dieu à l'œuvre dans notre vie en commun ? Notre manière de vivre donne-t-elle la vie ou la réprime-t-elle ? Notre manière de vivre améliore-t-elle la qualité de vie de chacun d'entre nous, tout au long de notre vie ?

Au mieux, les chrétiens croient qu'une telle manière de vivre est possible et ouverte à tous. Lorsque nous avons vu une telle manière de vivre mise en pratique, nous n'avons pas seulement été inspirés, mais nous avons été attirés vers elle. Dans nos meilleurs instants, nous savons que nous n'avons pas été à la hauteur de cette conviction commune visant à vivre fidèlement la bonne vie, avec Jésus Christ au cœur de tout ce que nous faisons et sommes. Je crois que tout au fond de nous-mêmes, nous avons tous envie de vivre cette vie fidèle et fructueuse, même si nous avons souvent rejeté l'invitation de Dieu à une vie sainte.

Nous ne sommes pas les premiers à lutter avec fidélité pour ce qu'il y a de plus haut en Jésus Christ. L'auteur de l'épître aux Colossiens rappelle au lecteur :

> « Puisque vous êtes élus, sanctifiés, aimés par Dieu, revêtez-vous donc des sentiments de compassion, de bienveillance, d'humilité, de douceur, de patience. Supportez-vous les uns les autres, et si l'un a un grief contre l'autre, pardonnez-vous mutuellement ; comme le Seigneur vous a pardonné, faites de même, vous aussi. Et par-dessus tout, revêtez l'amour : c'est le lien parfait. » (Colossiens 3 : 12-14)

C'est un rappel tout à fait clair du fait que celui qui suit Jésus est un élu de Dieu et qu'en tant que tel, il mérite et attend une certaine manière de vivre.

Le texte ci-dessus ressemble à ce que nous trouvons en Galates 5, où les voies du monde et la voie du Christ contrastent fortement. Ce passage dit :

« Mais voici le fruit de l'Esprit : amour, joie, paix, patience, bonté, bienveillance, foi, douceur, maîtrise de soi ... Si nous vivons par l'Esprit, marchons aussi sous l'impulsion de l'Esprit. Ne soyons pas vaniteux : entre nous, pas de provocations, entre nous, pas d'envie. » (Galates 5 : 22-26)

Ces exhortations ont sans doute été dues au besoin d'instructions quant à ce que signifiait la vie dans la foi, dans un monde où on ne comprenait pas, ni ne faisait confiance à Jésus. La controverse a probablement été ce qui a poussé des auteurs à coucher par écrit la sagesse nécessaire aux Galates et aux Colossiens. Eux, comme nous, commençaient leur voyage avec Christ, décidés à suivre Jésus sans hésiter ni s'écarter de leur engagement à le suivre. Leur monde, comme le nôtre, n'était pas une route vers Dieu et une vie de justice ; il était facile d'errer et difficile de rester concentré sur le Christ seul. L'auteur de ces textes savait que seul un changement radical pouvait remettre le lecteur sur le droit chemin de la fidélité. Un chemin qui promet de mener le voyageur fidèle toujours plus près de Dieu et de la voie choisie par Dieu pour Son peuple.

La plupart d'entre nous souhaitent ardemment vivre précisément cette bonne vie de fidélité en Christ. Nous voulons être fidèles à ce que nous avons de plus élevé. Nous voulons vivre notre foi de manière à apporter la guérison et la vie, non la destruction et la négation de la vie. Désaccord, dialogue et débat ne sont pas étrangers aux chrétiens. Nous ne sommes pas étrangers à une conversation sincère, à la patience, à un accueil aimant, au compromis et à un accord mutuel. Nous ne sommes pas étrangers au pardon, à la conversion, à la transformation, à la réconciliation et à la vie nouvelle. Et pourtant, il semble que ces dernières années, ces notions n'aient pas été bienvenues ni largement pratiquées parmi nous.

John Wesley avait prévu des temps comme ceux-ci et il savait que *tout le monde* a besoin d'aide pour vivre une vie bonne et sainte dans un monde comme le nôtre. Il craignait que les nouveaux convertis à Christ ne réussissent pas à vivre leur foi et deviennent, comme il l'exprimait, encore plus « enfants du diable » qu'avant leur conversion (Journal du 12 août 1738 au 1er novembre 1739 ; in *Works*, vol. 1 ; p. 239).

Il était pleinement conscient de ce que l'on peut disposer de toutes les structures et de tous les systèmes nécessaires, mais que l'on peut néanmoins perdre la puissance de Dieu qui irrigue une vie à l'image du Christ – une manière de vivre sainte, qui réforme et renouvelle sans cesse l'individu et la communauté. A cause de ces craintes, Wesley était décidé à promouvoir des pratiques disciplinées qui mèneraient à la fidélité à la voie de Jésus. Ces pratiques ont été définies dans les « Règles générales. » Les instructions quant à celles-ci et les responsabilités qui y étaient liées étaient destinées aux classes qui formaient les Sociétés unies du mouvement méthodiste à ses débuts (*Le Règlement de l'Eglise méthodiste unie / Eglise évangélique méthodiste* [*The Book of Discipline of The United Methodist Church.* The United Methodist Publishing House, 2004] ; Art. 103).

Ce sont ces simples règles qui ont transformé des femmes et des hommes de toutes les classes sociales, leur donnant une vie nouvelle et les mettant en marche sur une voie menant à un mouvement qui est devenu une dénomination et a transformé une nation en formation en Amérique du Nord. Nous trouverons surannées et démodées certaines de ces instructions explicitant la mise en pratique des règles. Mais ces simples règles elles-mêmes sont actuelles et exceptionnellement bien adaptées à notre temps, notre culture et nos besoins d'aujourd'hui.

Ne fais pas le mal

« Ne pas faire le mal, l'éviter sous toutes ses
apparences, spécialement sous ses formes
les plus courantes. »
— *Règlement de l'Eglise, 2004* ; Art. 103

Ne fais pas le mal

« Mais, si vous vous mordez et vous dévorez les uns les autres, prenez garde : vous allez vous détruire les uns les autres. » (Galates 5 : 15)

La première règle simple énonce : « Ne fais pas le mal. » Ce n'est pas si compliqué. Même un enfant peut comprendre ce que cela veut dire, et cela s'applique à tout un chacun, à toutes les étapes de la vie. Et quand on l'applique, des miracles se produisent, qui transforment le monde autour de nous. La plupart d'entre nous ont observé et fait l'expérience de la lutte à mener pour résoudre des affaires complexes et difficiles. J'ai trouvé que quand je me souviens de la première règle simple, cela m'a souvent évité de proférer un mot incorrect ou d'envisager une mauvaise solution.

J'ai aussi découvert que ce simple premier pas, lorsqu'il est fait, peut nous amener en lieu sûr, là où nous pouvons attendre que le dur et fidèle travail de discernement se fasse. Lorsque nous sommes d'accord de ne pas faire de mal à ceux avec lesquels nous sommes en désaccord, la conversation, le dialogue et la révélation de nouvelles intuitions deviennent possibles. Lorsque nos paroles et nos actions sont gardées par cette première règle simple, nous avons le temps et l'espace voulus pour réfléchir aux conséquences avant qu'une parole ne soit prononcée ou qu'un acte ne soit commis.

Chacun d'entre nous connaît des groupes déchirés par un conflit, parfois au sujet de questions fondamentales et parfois au sujet de points tout simplement stupides. Mais le conflit est réel, les divisions sont profondes et souvent, les effets peuvent être dévastateurs. Si, toutefois, toutes les parties peuvent se mettre d'accord pour ne pas faire le mal, l'*atmosphère* dans laquelle se déroule le conflit change immédiatement. En quoi change-t-elle ? Eh bien, si je ne peux pas faire le mal, je ne peux plus *répandre des potins* à propos du conflit. Je ne peux plus *parler en termes méprisants* de ceux qui sont parties au conflit. Je ne peux plus *manipuler les faits* du conflit. Je ne peux plus *abaisser* ceux qui ne sont pas d'accord avec moi et je dois honorer chacun comme enfant de Dieu. *Je garde mes lèvres, mon esprit et mon cœur, afin que mon langage ne méprise pas, ne blesse pas ou ne nuise pas à un autre enfant de Dieu. Je dois ne pas faire le mal, même quand je recherche un bien commun.*

« On pourrait aisément croire que celui qui a eu cet amour dans son cœur n'a jamais causé aucun tort à

son prochain. Il lui était impossible de nuire con-
sciemment et à dessein à aucun homme. Il était très
loin de la cruauté et du mal, de toute acte injuste ou
malintentionné. Il avait mis avec beaucoup de soin
« une sentinelle devant sa bouche, un gardien devant la porte de ses lèvres », de peur d'offenser par
sa langue, soit la justice, soit la compassion ou la
grâce. Il avait rejeté tout mensonge, toute fausseté
ou fraude ; de même, il ne s'est pas trouvé de ruse
dans sa bouche. Il ne parlait en mal d'aucun
homme et aucune parole désobligeante n'est jamais
sortie de ses lèvres. » (John Wesley, Sermon 4 : Le
christianisme biblique ; in *Works*, vol. 5 ; p. 41)

Cette action de désarmer, de mettre de côté nos
armes et notre désir de faire du mal, fait apparaître encore d'autres points. Nous découvrons que nous
sommes en terrain commun, que nous habitons un espace commun et rare, que nous partageons une foi
commune, que nous mangeons à une table commune
et avons une part égale à l'amour illimité de Dieu.
Lorsque je suis décidé à ne pas te faire de mal, je n'ai
plus peur de toi ; je peux te voir et t'entendre plus
clairement. Désarmés de la possibilité de faire le mal,
nous trouvons ce lieu stable où nous pouvons être et

chercher ensemble le chemin vers l'avant dans la fidélité
à Dieu.

Lorsque ce premier pas n'est *pas* fait, ce n'est nor-
malement pas parce qu'il n'est pas compris ou parce
qu'il est trop simple. Le plus souvent, c'est un pas qui
n'est pas fait parce qu'il est trop exigeant en matière
d'autodiscipline et qu'il table sur la conviction vraiment
profonde que *Dieu donnera la force et guidera le fidèle*.
Accepter de faire ce premier pas signifie pour nombre
d'entre nous d'accepter une théologie et une pratique
trop rigoureuses par rapport à notre engagement timide
et fade. Si ce pas est si simple et si facile à comprendre,
pourquoi donc tant de gens font-ils tant de mal ? Parce
que ce n'est pas une règle facile ; elle exige une *confiance
radicale* dans la présence, la puissance, la sagesse et la direction de Dieu et une *obéissance radicale* à la conduite
de Dieu. Pratiquer notre foi dans le monde requiert
notre résolution la plus profonde, notre foi la plus
grande, une confiance inébranlable et une très, très
grande mesure de la grâce de Dieu.

Une deuxième raison pour laquelle ce pas n'est pas
fait peut venir de ce que nous nous sommes attachés
à une certaine idéologie ou théologie, plutôt que de
nous attacher à Jésus Christ comme Sauveur et
Seigneur de tous. Nous avons peut-être permis à notre

loyauté envers une position théologique d'avoir la prépondérance sur notre loyauté envers Jésus Christ. Il se peut que nous soyons si sûrs que « notre voie » est le seul chemin correct, que nous ne pouvons même plus nous représenter que le chemin de Dieu pourrait être différent du nôtre. Nous avons oublié combien il est important de comprendre clairement le Dieu à l'égard duquel nous nous engageons lorsque nous choisissons de suivre la voie de Jésus. Abandonner la voie du monde et suivre la voie de Jésus est un acte audacieux qui demande un examen honnête, méticuleux et une prière intense. Ce n'est pas une décision sans conséquence. Jésus lui-même nous a demandé d'examiner attentivement le coût de devenir disciples : « En effet, lequel d'entre vous, quand il veut bâtir une tour, ne commence pas par s'asseoir pour calculer la dépense et juger s'il a de quoi aller jusqu'au bout ? … De la même façon, quiconque parmi vous ne renonce pas à tout ce qui lui appartient ne peut être mon disciple » (Luc 14 : 28, 33).

Suivre Jésus, c'est suivre un Dieu révélé dans l'Ecriture, l'histoire, la nature, notre moi le plus profond et – surtout – par la vie, la mort et la résurrection de Jésus de Nazareth. Suivre Jésus, c'est suivre Celui qui fait totalement confiance à la bonté, à l'amour de Dieu et à

son implication intime dans les affaires de l'humanité.
Suivre Jésus, c'est désirer lui ressembler dans notre vie
et notre mort. Pour certains d'entre nous, ce choix est
vraiment trop effrayant et trop exigeant ; c'est pourquoi
nous suivons à distance ou nous nous en retournons.
Mais dans le silence du fond de nos cœurs, nous savons
que nous voulons suivre Jésus. Nous savons que suivre
Jésus est le meilleur et le seul moyen de vivre pleinement et fidèlement. Nous savons avec certitude que
c'est le seul moyen de vivre une vie paisible, joyeuse,
fructueuse. Au plus profond de nos cœurs, nous savons
que c'est là la vie que nous voulons. Nous voulons
suivre Jésus, même si cela doit impliquer de renoncer à
notre position favorite ou à notre possession favorite ;
et ainsi nous prions pour la grâce d'être fidèles quand
nous disons oui à l'invitation à la fidélité.

Il peut y avoir une autre raison pour laquelle nous
fermons les yeux sur cet élément de construction fon-
damental de la vie chrétienne – nous avons peur de ses
conséquences. Abandonner les voies du monde pour la
voie de Jésus est un pas radical. Si ce pas est simple et
facile à comprendre, il n'est pas facile à franchir. Nous
réalisons qu'il pourrait nous mener là où nous ne
voulons pas aller. Sommes-nous vraiment prêts à renoncer au pouvoir politique au profit de la puissance de

l'amour de Dieu ? Sommes-nous prêts à renoncer à notre bien le plus cher – la certitude que nous avons raison et que les autres ont tort ? Sommes-nous capables de faire suffisamment confiance à Dieu pour suivre les voies de l'Esprit plutôt que les voies du monde ? Si nous choisissons de suivre cette voie, serons-nous perçus comme étant faibles et à la merci des autres, plutôt que puissants et contrôlant la situation ? Si nous choisissons cette voie, est-ce que notre position sera affaiblie et notre point de vue ignoré ? Le risque paraît si grand et nos peurs parlent souvent tellement plus fort que notre foi.

Est-il possible de vivre dans ce monde complexe et violent *sans* faire le mal ? Sommes-nous supposés tendre l'autre joue à ceux qui déforment la vérité en faisant un usage sélectif des faits d'une situation donnée ? Est-il sage de ne pas faire du mal à ceux qui cherchent à nous nuire, à nuire à notre avenir ou à notre réputation ? Sommes-nous capables de contenir notre réaction de manière qu'elle ne soit pas destructrice envers ceux qui usent des termes faux et violents pour chercher à nous nuire et à nous détruire ? Est-il possible d'exprimer la vérité avec amour et douceur quand les autres semblent proférer avec colère et haine une vérité partielle ?

S'engager sur ce chemin représente un défi. Pourtant, même une lecture superficielle de l'évangile indique que

Jésus a enseigné et pratiqué une manière de vivre qui ne
faisait pas le mal. Sa vie, sa manière de vivre et son enseignement ont parfaitement apporté la démonstration
de cette première règle simple. Et plutôt que d'inventer
quelque chose de neuf, John Wesley a utilisé ce que Jésus
a enseigné et l'a intégré à sa structure de vie de fidélité :

> « Attache-toi, je t'en supplie, à tous les moyens de
> grâce. Efforce-toi d'avancer sans reproche selon
> toutes les ordonnances et tous les commandements
> de Dieu… Ajoute à ta foi la vertu ; à la vertu la con-
> naissance ; à la connaissance la modération ; à la
> modération la patience ; à la patience la piété … la
> bonté ; à … la bonté la charité. » (Journal du 6 mai
> 1760 au 28 octobre 1762 ; in *Works*, vol. 3 ; p. 88)

Il y a de nombreuses raisons pour lesquelles nous
trouvons difficile d'adopter cette première règle simple.
Mais la bonne nouvelle est que nous n'avons pas à nous
y aventurer seuls. Il y en a *toujours* Un qui y est avec
nous. Et il n'est pas seulement là ; il nous inonde
d'Esprit, de présence et de puissance pour que nous
puissions vivre avec intégrité et fidélité notre foi en
Celui que nous cherchons à suivre. Cette vérité est au
cœur de l'incarnation et de la Pentecôte. La bonne
nouvelle est qu'il est possible de pratiquer une manière

de vivre qui est en harmonie avec la vie de Jésus et de survivre et même de prospérer dans un monde tel que le nôtre. C'est une manière de vivre à la fois stimulante et gratifiante. Et chacun de nous, avec l'aide de Dieu, peut vivre une telle vie pleinement, fidèlement et joyeusement.

Wesley a dit que pour avancer sur la route du salut, c'est à dire vivre en harmonie avec Dieu, nous devrions commencer « par ne pas faire le mal, l'éviter sous toutes ses apparences, spécialement sous ses formes les plus courantes » (*Règlement de l'Eglise, 2004* ; Art. 103). Mais Wesley n'était pas seul à avoir cette conviction quant à cet élément essentiel de toute réponse fidèle à Jésus Christ.

Thomas à Kempis, dans son *Imitation du Christ*, montre une profonde préoccupation au sujet de la facilité avec laquelle nous glissons dans une réaction pécheresse à propos de nos relations avec les autres. Dans sa traduction anglaise de ce classique, William C. Creasy interprète comme suit le souci de l'auteur :

« Nous ne pouvons pas avoir trop confiance en nous-mêmes, parce que souvent la grâce et la compréhension nous font défaut. La lumière en nous est faible et souvent nous la laissons même s'éteindre, faute d'attention. De plus, nous ne nous rendons souvent pas compte à quel point nous sommes intérieurement aveugles ; par exemple, nous causons souvent du tort et, pour aggraver la chose, nous nous en excusons ! Parfois, nous sommes animés par la passion et pensons que c'est du zèle. Nous condamnons de petites choses chez les autres et passons sur des choses graves chez nous-mêmes. Nous sommes prompts à sentir quand les autres nous blessent – et nous leur en gardons rancune - mais nous ne nous rendons pas compte à quel point nous blessons les autres. Une personne qui s'examine soi-même honnêtement ne jugera jamais d'autres personnes avec dureté. » (Traduit de : *The Imitation of Christ: A Timeless Classic for Contemporary Readers*, Ave Maria Press, Inc., 2004 ; p. 69)

Qu'est-ce que cela signifierait si nous prenions cette règle simple au sérieux ? Tout d'abord, cela impliquerait un examen de la manière dont nous vivons et pratiquons notre foi. Et si cet examen était approfondi, il nous mènerait certainement à changer la manière dont nous pratiquons notre foi. Ne pas faire le mal est une réaction proactive à tout ce qui est mal – tout ce

qui endommage et détruit l'humanité et la bonne création de Dieu, et finalement nous-mêmes. Le fait
d'adopter pour nous-mêmes cette première règle simple
constitue un pas de géant vers la transformation du
monde dans lequel nous vivons.

Ne pas faire le mal signifie que je serai sur mes
gardes, de manière que toutes mes actions et même
mon silence ne nuiront pas à un autre enfant de Dieu
ni à aucune partie de la création de Dieu. Comme l'ont
fait John Wesley et les premiers adeptes du mouvement
méthodiste avant moi, je vais moi aussi décider chaque
jour que ma vie sera toujours investie dans un effort
pour apporter la guérison plutôt que la blessure ; l'in-
tégralité au lieu de la division et l'harmonie avec les
voies de Jésus plutôt qu'avec les voies du monde.
Lorsque je consacre ma vie à cette voie, je dois voir
chaque personne comme un enfant de Dieu – bénéfi-
ciaire d'un amour gratuit, illimité et immérité – exactement comme moi. Et c'est cette vision de ce que
chaque personne est l'objet de l'amour de Dieu et la
conviction profonde de ce que je vis moi aussi entouré
de cette Présence aimante, qui me permet de tenir mon
engagement à ne pas faire le mal.

La conséquence la plus importante de tout cela est
peut-être que nous sommes formés et transformés pour

vivre de plus en plus comme Jésus a vécu. Et cette transformation personnelle mène aussi à la transformation du monde autour de nous. Comme deux personnes mariées heureusement et depuis longtemps tendent à penser et agir de manière semblable et finissent même par se ressembler, ainsi ceux qui pratiquent cette règle simple tendent à penser et agir comme Jésus et finissent peut-être même par ressembler à Jésus. C'est un pas de géant vers une manière de vivre une vie sainte qui apporte la guérison et la bonté à tous ceux qu'elle touche. Ce simple pas va changer votre vie de façon heureuse et merveilleuse, mais il y a plus encore.

Fais le bien

« Faire le bien ; en étant miséricordieux selon ses
moyens ; en toute occasion, apporter son aide à
tous les hommes, selon ses forces.... »
— *Règlement de l'Eglise, 2004* ; Art. 103

Fais le bien

« Celui qui fait le bien est de Dieu. » (3 Jean : 11b)

« Jésus de Nazareth, vous savez comment Dieu lui a conféré l'onction d'Esprit Saint et de puissance ; il est passé partout en bienfaiteur… » (Actes 10 : 38)

« Vous devez votre conscience à Dieu ; vous ne vous devez rien les uns aux autres sinon l'amour mutuel. »
(Traduit de : *Letters of Saint Augustine*, trans. John Leinenweber. Triumph, 1992 ; p. 182)

« Ils n'ont guère de possibilité de faire le bien, car ici les journées sont difficiles … Ici, il y a des familles pauvres à secourir ; ici, il y a des enfants à éduquer ; ici, il y a des logements ouvriers, dans lesquels jeunes et vieux reçoivent avec joie la parole d'exhortation ; ici, il y a les prisons, et là dedans une accumulation de tous les besoins humains. » (Journal du 12 août 1738 au 1er novembre 1739 ; in *Works*, vol. 1 ; p. 181)

A ce stade, les choses commencent à devenir encore plus compliquées. Juste au moment où nous pensions être prêts à nous approprier l'idée de ne nuire, ni à quelqu'un, ni à quelque chose, nous sommes confrontés à un choix encore plus difficile. Une fois de plus, nous nous rappelons les paroles de Jésus : « Mais je vous dis, à vous qui m'écoutez : Aimez vos ennemis, faites du bien à ceux qui vous haïssent, bénissez ceux qui vous maudissent ; priez pour ceux qui vous calomnient » (Luc 6 : 27-28). Faire le bien est un sérieux défi lancé par Wesley et un commandement catégorique de Jésus. Mais qu'est-ce que faire le bien veut dire pour moi ? Cela semble simple, mais par où est-ce que je commence ? Quelles sont les frontières, les limites ? Est-ce que cette simple exhortation est trop difficile pour moi ? Qu'est-ce qu'elle veut dire ? A quoi cela ressemble-t-il de faire le bien, dans notre monde divisé, hostile et blessé ?

Nous ne sommes pas les premiers à poser la question. Wesley a été confronté au même problème et il a trouvé une façon raisonnable d'y répondre :

« ... ce commandement est écrit dans son cœur, 'Celui qui aime Dieu aime aussi son frère'. Et donc il aime aussi son prochain comme lui-même ; il aime chaque être humain comme sa propre âme. Son cœur est plein d'amour pour toute l'humanité, pour chaque enfant du 'Père des esprits de toute chair'. Le fait qu'il ne connaisse pas personnellement un homme n'est pas un obstacle à son amour, ni d'ailleurs le fait que celui-ci soit connu pour être d'un genre qu'il n'approuve pas et pour rendre la haine en échange de sa bonté. Parce qu'il 'aime ses ennemis' ; oui, et les ennemis de Dieu, 'les mauvais et les ingrats'. Et s'il n'est pas en son pouvoir de 'faire du bien à ceux qui le haïssent', il ne cesse pourtant pas de prier pour eux ... (John Wesley, « Le caractère d'un méthodiste » ; in *Works*, vol. 8, p. 343)

Les paroles de Jésus et de Wesley suggèrent que de faire le bien est un commandement universel. Autrement dit que faire le bien n'est pas limité à ceux qui sont comme moi ou à ceux qui m'aiment. Faire le bien s'adresse à tout le monde, même à ceux qui n'entrent pas dans ma catégorie des personnes dignes de recevoir le bien que moi ou d'autres pouvons leur donner. Ce commandement est universel aussi dans le sens que personne n'en est exclu.

Faire le bien, de même que ne pas faire le mal, est une manière de vivre proactive. Je n'ai pas besoin d'attendre que l'on me demande de faire une bonne action ou d'apporter une aide nécessaire. Je n'ai pas besoin d'attendre que les circonstances appellent à l'aide pour soulager une souffrance ou corriger quelque terrible injustice. Je peux décider que ma manière de vivre va systématiquement m'amener à faire du bien à tous, dans toutes les circonstances et de toutes les façons possibles. Je peux décider que je veux choisir une manière de vivre qui entretient la bonté et fortifie la communauté.

Cette manière de vivre requiert une évaluation méticuleuse et constante de ma vie et du monde dans lequel je vis. Elle va exiger un pas encore plus hardi et radical que de ne pas faire de mal à ceux qui pourraient être en désaccord avec moi et même chercher à me nuire. Car désormais, je m'engage à chercher le bien pour chacun dans mon monde et pour tous dans le monde de Dieu. Que les agressions soient bénignes, comme de me faire une queue de poisson dans la circulation ou graves, comme le fait de me considérer comme moins qu'un enfant de Dieu, elles ne peuvent jamais me sortir du cercle de bonté qui coule de Dieu vers moi et à travers moi vers le monde. Chaque acte et chaque mot doit passer par le filtre de l'amour et de la volonté de Dieu, afin d'y être jaugé pour voir si son but est effectivement d'apporter le bien et la bonté à tout ce qu'il touche.

Admettons, je suis prêt à faire un peu de bien, peut-être même à donner un don financier important à mon

église ou à envoyer de temps à autre un don à une or-
ganisation d'entre aide. Mais dites-moi, où cela va-t-il
s'arrêter ? Est-ce que mon investissement en termes de
temps, d'influence et d'argent va devenir exorbitant ?
Même moi, je peux voir que tout cela pourrait rapidement dégénérer et qu'avant que je ne m'en rende
compte, ma vie s'en sera allée à vau-l'eau. Je n'ai pas
envie de vivre dans une situation aussi incontrôlée. Ici,
le mot clé est peut-être bien '*contrôle*'.

Il y a des obstacles à cette manière de vivre. En tête
de liste, on trouve sans doute mon désir de maîtriser la
situation. J'aime savoir où je vais et je veux savoir ce
qu'il en coûte d'y aller. C'est bien pour cela que l'idée
de faire tout le bien possible est si effrayante. Les besoins du monde, de ma communauté, de mon église,
de ma famille sont si grands que si je faisais tout le bien
possible, je me sentirais obligé de tout donner en faveur
de quelque bonne cause. Serait-il juste d'agir ainsi ? Et
même si c'était juste d'agir ainsi, pourrais-je le faire ?
J'ai déjà bien trop de responsabilités, trop d'engage-
ments et trop d'autres personnes qui dépendent de moi.

Ou encore, qu'en serait-il si j'offrais un don, petit
ou grand, et qu'il était rejeté ? Imaginez que je cherche
à exercer une médiation dans un conflit et que mes efforts soient tournés en dérision. Qu'en serait-il si mes

efforts étaient perçus comme étant de la faiblesse et mes préoccupations ignorées ? Qu'en serait-il si mes dons étaient acceptés et ensuite mésusés d'une manière qui me fait horreur ?

> « Vous avez appris qu'il a été dit : 'Tu aimeras ton prochain et tu haïras ton ennemi.' Et moi, je vous dis : Aimez vos ennemis et priez pour ceux qui vous persécutent, afin d'être vraiment les fils de votre Père qui est aux cieux, car il fait lever son soleil sur les méchants et sur les bons, et tomber la pluie sur les justes et les injustes. » (Matthieu 5 : 43-45)

Il est vrai que mon don peut être rejeté, tourné en dérision, et mésusé. Mais mon désir de faire le bien n'est pas entravé par les pensées ou les actions des autres. Mon désir de faire le bien répond à l'invitation de Dieu de suivre Jésus et là, *c'est moi qui en décide*. Je peux décider d'offrir l'hospitalité et la bonté à tous ceux que je rencontre. Je peux décider de faire du bien à tous, même à ceux qui ne sont pas d'accord avec moi et s'opposent à ce que je considère comme étant juste et bon. Et la récompense pour avoir fait le bien n'est ni annulée, ni diminuée par la réponse à mes actes de bonté. J'aurai la récompense de savoir que j'ai fait ce qui est juste et qui plaît à Dieu. Je serai toujours identifié, connu et aimé en tant qu'enfant de Dieu. Quelle plus grande récompense pourrait-il y avoir ?

Il est vrai que ces trois règles sont simples et faciles à comprendre. Nous savons presque toujours si nos paroles ou nos actions causent du tort ou si elles font du bien. Et tout au fond de nous-mêmes, nous sentons à la fois le désir et la voix insistante de l'Esprit qui nous dit de développer et maintenir une relation vivante et vivifiante avec Dieu. Oui, les trois règles sont *simples* et elles sont *faciles à comprendre*. Mais cela ne les rend pas plus *faciles à mettre en pratique*. Wesley a fréquemment examiné sa propre vie afin de voir s'il vivait en harmonie avec ces trois règles simples qu'il enseignait …

« Ceci, cependant, ainsi qu'une phrase de la lecture biblique du soir, m'a incité à analyser plus à fond ma propre situation. Et c'est alors que j'ai réalisé ce qui suit : … Son avis sur la sainteté est nouveau. Il ne pense plus que c'est quelque chose d'extérieur, consistant soit à ne pas faire le mal, soit à faire le bien, soit à faire usage des moyens de grâce institués par Dieu. Il voit que c'est la vie de Dieu dans son âme, l'empreinte de Dieu fraîchement imprimée sur le cœur, un renouvellement total de l'esprit, des sentiments et des pensées, à l'image de

Celui qui l'a créé. » (Journal du 12 août 1738 au 1ᵉʳ novembre 1739 ; in *Works*, vol. 1 ; p. 161)

L'« empreinte de Dieu fraîchement imprimée sur le cœur » est la plus haute récompense pour la fidélité et va certainement me conduire à la décision de faire tout le bien que je peux à tous ceux que je peux. Car c'est Dieu qui aime tout le monde et permet à la pluie de tomber sur tout le monde. Ainsi, cette décision signifiera que je dois rechercher le bien de tous. Je dois rechercher ce qu'il y a de mieux pour ceux dont la position et la condition peuvent être très différentes de la perception que j'en ai. Cela signifiera que je chercherai à guérir les blessures de mes sœurs et de mes frères, quelles que soient leur position sociale, leur situation économique, leurs succès académiques ou leur manière de vivre, même si elles sont radicalement différentes des miennes. Cela signifiera que les mots et les actes qui blessent et divisent seront changés en mots et en actes qui guérissent et rassemblent. Cela signifiera que les mouvements qui cherchent à diviser et à conquérir deviendront des mouvements qui cherchent à unir et à fortifier les humains. Cela signifiera que le bien commun sera ma première pensée et que ce qui est bon pour moi deviendra une pensée secondaire.

Bien sûr, cette manière de vivre présente un gros défi. Aimer Dieu de tout mon être et aimer mon prochain comme moi-même n'a jamais passé pour facile, mais cela a été considéré comme essentiel pour notre vie spirituelle, notre vie dans la foi et notre vie avec Dieu. Les trois règles sont simples ; mais quand j'examine ce pas simple et pratique en direction d'un monde transformé, je commence à comprendre à quel point la vie avec Jésus peut devenir compliquée et coûteuse.

Jésus s'est présenté lui-même comme « celui qui sert » (Luc 22 : 27). Paul dit : « Que l'amour soit sincère. Fuyez le mal avec horreur, attachez-vous au bien. Que l'amour fraternel vous lie … Soyez solidaires des saints dans le besoin, exercez l'hospitalité avec empressement. » (Romains 12 : 9-10, 13) Il n'est pas difficile de voir à quel point les paroles et la manière de vivre de Jésus et des premiers chrétiens ont dû paraître révolutionnaires, tant à eux-mêmes qu'au monde dans lequel ils vivaient. Leur manière de vivre était un départ radical de ce qui était considéré comme normal pour les puissants et les faibles. Vivre avec Jésus signifiait tendre vers quelque chose de plus grand que l'individu et vers Quelqu'un de plus grand que tout être humain ou institution humaine. Et c'est exactement ce que cela signifie aujourd'hui !

Trois règles simples

« Je suis son serviteur et, en tant que tel, je travaille
selon les claires instructions de sa parole : 'A chaque
occasion qui m'en est donnée, faire du bien à tous
les hommes'. Et sa prévoyance s'accorde pleinement avec sa parole, qui m'a désengagé de toutes
autres choses, afin que je puisse uniquement me
consacrer entièrement à 'vaquer à faire le bien'. »
(Journal du 12 août 1738 au 1er novembre 1739 ;
in *Works*, vol. 1 ; p. 202)

Si faire le bien est, en soi, une règle simple, c'est aussi
un défi incroyable. Mais attendez une minute. Que se
passerait-t-il si je m'oubliais moi-même ? C'est une idée
impossible, mais que Jésus semble avoir beaucoup
aimée. Que se passerait-il, si j'y pensais réellement et
mettais Dieu à la première place dans ma vie ? Que se
passerait-il, si je pensais d'abord aux besoins des autres ?
Que se passerait-il, si je me laissais guider par ce qui
est bon pour la communauté plutôt que par mes propres besoins personnels ? Est-ce que cela me rap-
procherait de ce à quoi pensait Wesley ? De ce à quoi
pensait Jésus ? J'ai bien l'impression que oui.

Cependant, cela pourrait aussi nous exposer au
danger de voir certaines tendances destructrices nous
dominer à nouveau. Il fut un temps où l'on nous

enseignait à renoncer à soi-même, à se renier soi-même, à être humble et à avoir une piètre opinion de soi. Cela a peut-être freiné notre élan vers l'arrogance et l'égoïsme, mais il est aussi apparu que cette voie menait à l'autodestruction et que même au plan de la communauté, elle n'était pas valable. Il y a une forme d'abnégation qui est saine ; c'est celle que Jésus attend de nous. Et il y a une forme d'abnégation malsaine, vers laquelle des personnes, des institutions et des mouvements qui ont quitté la voie de Jésus nous conduisent souvent. Malheureusement, en essayant d'éviter l'abnégation malsaine, nous faisons souvent un grand bond de l'abnégation saine vers un culte de soi malsain promu par notre culture.

C'est notre culture qui me rappelle que je suis devenu la personne la plus importante du monde et que par conséquent je dois *d'abord* prendre soin de moi. Bien sûr, le but de cette campagne n'est pas mon bien-être, mais la vente d'un produit. Oubliez les besoins des autres, prenez d'abord soin de vous-même. Notre culture a ainsi créé un climat dans lequel les cadres des compagnies volent les actionnaires et poussent les employés dans la pauvreté. Une culture dans laquelle les ressources du monde font rapidement défaut à ceux qui ont désespérément besoin d'une part raisonnable de ces ressources. Une culture dans laquelle tout est permis tant que c'est à mon avantage – et que je ne me fais pas prendre. Un climat dans lequel il est facile de détourner son regard de l'injustice sociale et économique qui cause d'énormes torts à beaucoup de gens et offre de gros profits à quelques-uns. Nous vivons dans une culture qui tend à détruire la saine estime de soi et la dignité de chaque enfant de Dieu. Bien trop souvent, nous avons contribué à une culture de la concurrence qui encourage la cupidité et l'égoïsme et décourage la compassion, le partage, l'équité et l'engagement pour le bien commun.

Pourtant, prendre correctement soin de soi et vivre de manière désintéressée ne sont pas opposés. L'un comme l'autre sont plutôt des éléments essentiels d'une vie saine et productive. Aimer Dieu et tout ce qui vit, et aimer son prochain comme soi-même n'est pas se dénigrer, se renier ou se dévaloriser. C'est proclamer, en tant que chrétiens, ce qui est au cœur de notre théologie et accorder une très grande valeur à soi-même et au prochain. C'est choisir de vivre MAINTENANT dans le règne de Dieu. C'est commencer une vie de citoyen d'un nouvel ordre, dans lequel l'amour de Dieu pour toute la création est reconnu et proclamé en paroles et en actes.

Vivre de cette nouvelle manière n'implique jamais que le fait de prendre soin de soi serait sans importance ou inutile. S'aimer soi-même demande de veiller sur soi dans une culture et des systèmes qui sont souvent destructeurs du soi. Et prendre soin de soi commence par l'acceptation et le rappel de ce que chacun d'entre nous est l'objet de l'amour de Dieu. Chacun d'entre nous est enveloppé dans l'amour illimité, salvateur et transformateur de Dieu. Chacun d'entre nous est la 'prunelle de l'œil' de Dieu ; il est toujours et à jamais en sécurité dans les bras forts de Dieu (Zacharie 2 : 12). Quand cette certitude est profondément enracinée en nous, nous sommes mieux capables de voir la différence entre se renier et prendre soin de soi. Cette connaissance de mon vrai moi peut me libérer d'avoir à tout contrôler et peut me mettre sur le chemin d'une plus grande confiance en Dieu et d'une plus grande capacité à vivre pleinement et fidèlement. Est-ce que cela me libérerait pour faire le bien, tout le bien possible ? Il me semble que ce serait un bon début. C'est encore un pas simple de plus, qui fera une grande différence en vue de la transformation du monde.

Ces deux premières règles sont importantes et produisent immédiatement des résultats ; mais sans la troisième règle, les deux premières deviennent de plus en plus impossibles. Rester dans l'amour de Dieu est le fondement de toute la vie. C'est dans une relation vivante avec Dieu que nous sommes vivifiés, soutenus, guidés, appelés, envoyés, formés et transformés. L'auteur du Psaume 127 a écrit : « Si le Seigneur ne bâtit la maison, ses bâtisseurs travaillent pour rien » (127 : 1). Nous appliquons les règles, mais Dieu envoie la puissance qui nous permet de nous y tenir. Nous appliquons les règles ; mais c'est Dieu qui opère la transformation, le renouvellement et la construction de la maison – la maison de nos vies, la maison de notre église et la maison de notre monde.

Ces trois règles sont essentielles. Mais en vérité, nous ne pouvons pas régler par nous-mêmes la plupart des choses qui nous font souffrir. Les lois et les comités ne vont pas résoudre nos divisions, nos blessures ou nos fractures. La clarté que nous recherchons sur une multitude de questions, la fidélité et la fertilité que nous nous efforçons d'atteindre ne peuvent être produites par nous-mêmes. Seule la vie dans la présence et la lumière guérissantes, aimantes, salvatrices, formatrices et dirigeantes de Dieu nous apportera la rédemption, la guérison, la transformation et la direction si désespérément nécessaires. Voilà pourquoi demeurer dans l'amour de Dieu est la troisième règle simple essentielle.

Demeurez dans l'amour de Dieu

« Cherchez le SEIGNEUR et sa force, recherchez toujours sa face. » (Psaume 105 : 4)

« Poursuivez donc votre route dans le Christ, Jésus le Seigneur, tel que vous l'avez reçu ; soyez enracinés et fondés en lui, affermis ainsi dans la foi telle qu'on vous l'a enseignée, et débordants de reconnaissance. »
(Colossiens 2 : 6-7)

'Moyen de grâce' sonne bizarrement à nos oreilles. Mais pour John Wesley, c'était un terme qui décrivait les pratiques et les exercices spirituels qui maintenaient la relation vivifiante, vivante et croissante entre Dieu et les humains. Il cite le culte public, la Sainte Cène, la prière personnelle et en famille, la méditation de l'Ecriture, l'étude biblique et le jeûne comme essentiels à une vie dans la foi. Nous pouvons donner d'autres noms à nos pratiques spirituelles essentielles, mais il reste qu'elles peuvent devenir une source vive de force et de direction pour nous. Wesley voyait ces exercices comme des éléments centraux de toute vie fidèle à Dieu en Christ. Il voyait que la pratique régulière de ces exercices spirituels gardait ceux qui cherchent à suivre le Christ en contact avec la présence et la puissance du Christ, de manière qu'ils puissent satisfaire leur désir de vivre en disciples fidèles.

Les exercices spirituels nous enseignent comment vivre nos vies en harmonie avec quelque chose de plus grand que nous-mêmes et de plus grand que ce à quoi le monde accorde le plus de valeur. Dans son livre *Illuminated Life* (*Vie illuminée*), Joan Chittister présente cela ainsi : « Tout ce que nous possédons dans la vie, c'est la vie. Les choses – voitures, maisons, éducation, emplois, argent - viennent et s'en vont, deviennent poussière dans nos doigts, changent et disparaissent. ... le secret de la vie ... est qu'elle doit être développée de l'intérieur vers l'extérieur » (Orbis Books, 2000 ; p. 14).

Vivre dans la présence du Dieu vivant et en harmonie avec lui, qui s'est fait connaître en Jésus Christ et nous accompagne par le Saint Esprit, c'est vivre de l'intérieur vers l'extérieur. C'est trouver notre ligne de conduite morale, notre sagesse, notre courage, notre force pour vivre fidèlement en Celui qui nous a faits, appelés, qui nous soutient et nous envoie dans le monde comme témoins, pratiquant au quotidien la manière de vivre avec Jésus. Les pratiques spirituelles nous maintiennent dans cette présence et cette puissance de Dieu qui guérit, sauve, forme et transforme chacun d'entre nous, de plus en plus, en une image de Celui que nous cherchons à suivre.

Nous pouvons donner d'autres noms à nos exercices spirituels, mais il nous faut, nous aussi, trouver notre façon de vivre et de pratiquer ces exercices qui nous maintiendront dans l'amour de Dieu – des pratiques qui contribueront, d'une part à nous mettre en mesure d'entendre et de répondre au plus faible murmure de Dieu quand il nous transmet ses instructions et, d'autre part à recevoir la présence de Dieu ainsi que sa puissance qu'il promet de nous donner chaque jour et dans chaque situation. C'est par ces pratiques que nous apprenons à entendre et à répondre aux instructions de Dieu. C'est par ces pratiques que nous apprenons à faire confiance à Dieu révélé en Jésus Christ. C'est par ces pratiques que nous apprenons l'amour de Dieu pour nous. C'est là que notre amour pour Dieu est nourri et fortifié. Intégrer ces pratiques à notre manière de vivre nous maintiendra dans l'amour pour Dieu et nous donnera l'assurance de l'amour de Dieu pour nous, dans ce monde et dans le monde à venir.

Cette règle simple sera mise en œuvre différemment par chacun d'entre nous parce que chacun d'entre nous est unique. Mais il y a certains éléments communs qui sont essentiels pour nous tous, tels qu'un moment de prière quotidien, la méditation et l'étude de l'Ecriture, la participation régulière à la vie d'une communauté chrétienne, y compris le culte hebdomadaire et la participation régulière à la Sainte Cène, de même qu'accomplir quelque geste de bonté ou de miséricorde. Il faut aussi mentionner toutes les occasions de partager et d'apprendre avec d'autres qui, eux aussi, cherchent à suivre la voie de Jésus. C'est par ces pratiques que nous trouvons le courage, la force et la direction d'avancer fidèlement et avec intégrité sur la voie de Jésus.

On peut accuser Jésus de bien des choses, mais nous ne pouvons l'accuser de négliger sa relation avec Dieu. Il a certainement mis en pratique très tôt combien il était important de rester proche de Dieu s'il voulait pouvoir remplir sa mission dans le monde. Il a certainement mis en pratique très tôt qu'une puissance était à disposition, qui permettait de vivre une vie bonne, fidèle et fructueuse, et que cette puissance était liée au fait de demeurer en contact, de demeurer relié à Dieu, de demeurer dans l'amour de son 'Abba', en qui il avait toute confiance (Marc 14 : 36 ; Romains 8 : 15). Il ne trouvait pas seulement sa force et sa direction, mais aussi sa joie la plus profonde dans la communion, la compagnie avec son 'Abba' qui l'aimait. Ce sont peut-être ces pratiques qui l'ont conduit à son enseignement

Demeurez dans l'amour de Dieu

« Faire usage de tous les moyens de grâce
mis à disposition par Dieu.... »
— *Règlement de l'Eglise, 2004* ; Art. 103

sur la prière et la fidélité et qui ont, probablement, sus-
cité sa question à Pierre.

> « Regardez Jésus. Le monde n'a pas fait attention
> à lui. Il a été crucifié et écarté. Son message
> d'amour a été rejeté par un monde avide de pou-
> voir, d'efficacité et de contrôle. Mais le voici qui
> apparaît, des blessures marquant son corps glo-
> rieux, à quelques rares amis qui avaient des yeux
> pour voir, des oreilles pour entendre et des cœurs
> pour comprendre. Ce Jésus rejeté, inconnu, blessé
> a simplement demandé : 'M'aimes-tu, m'aimes-
> tu réellement ?' Lui, dont le seul objet avait été
> d'annoncer l'amour inconditionnel de Dieu, n'a
> qu'une question à poser : 'M'aimes-tu ?' » (Traduit
> de : *In the name of Jesus*, par Henri J. M. Nouwen;
> Crossroad, 1989 ; p. 36-37)

La question que Jésus a posée à Pierre selon Jean
21 : 15 & ss. : 'M'aimes-tu ?', est révélatrice de ce qui
est essentiel dans notre relation avec Dieu. Jésus a demandé trois fois : 'M'aimes-tu ?' et trois fois, Pierre a
répondu par l'affirmative. Demeurer dans l'amour de
Dieu était alors l'aspect primordial d'une vie dans la
foi. Il le reste encore aujourd'hui. Car une telle vie
d'amour pour Dieu sera une source d'où couleront la

bonté et l'amour de Dieu pour le monde. Il ne peut en être autrement. Celui qui vit un amour profond sera constamment formé et transformé par cette relation. Et une vie ainsi transformée sera le canal naturel de la bonté, de la puissance et de la présence de Dieu dans le monde.

Ainsi donc, chaque fois que Jésus a posé la question : 'M'aimes-tu ?', il a aussi déclaré comment Pierre et le monde sauraient s'il obéissait à Dieu. La vie sainte ne sera pas découverte, approfondie, continue et maintenue sans demeurer dans l'amour de Dieu. Et tandis que demeurer dans l'amour de Dieu implique la prière, le culte, l'étude et la Sainte Cène, cela implique aussi de faire paître les agneaux, de prendre soin des brebis et de répondre aux besoins des autres (Jean 21 : 15-16). Faire paître les agneaux et prendre soin des brebis sont des signes de l'amour que nous échangeons avec Dieu. Ils sont des signes d'amour que le monde peut comprendre. Les exercices spirituels ne sont pas seulement des pratiques qui nous relient à Dieu ; elles incluent également des actes qui guérissent la douleur, l'injustice et l'inégalité de notre monde. Il est impossible de demeurer dans l'amour de Dieu sans désirer voir la bonté et la grâce de Dieu partagées par le monde entier.

« Qu'est-ce qui fait que la tentation du pouvoir semble si irrésistible ? C'est peut-être parce que le pouvoir offre un substitut facile à la difficile tâche d'aimer. Il semble plus facile d'être Dieu que d'aimer Dieu, plus facile de contrôler les gens que d'aimer les gens, plus facile de posséder la vie que d'aimer la vie. Jésus demande : 'M'aimes-tu ?' Nous demandons : 'Pouvons-nous être assis à ta droite et à ta gauche dans ton Royaume ?' » (Nouwen ; p. 77)

Le fait que Jésus ait demandé trois fois à Pierre s'il l'aime en dit long. Pierre avait renié Jésus par trois fois (Matthieu 26 : 75), mais ici il déclare par trois fois son amour. Pierre est amené à un nouveau départ, un nouvel avenir. Il faut oublier les échecs du passé et saisir les nouvelles possibilités. Et ces nouvelles possibilités sont contenues dans la mission donnée à Pierre.

Chacun d'entre nous a sa propre litanie d'échecs à raconter, mais la bonne nouvelle, c'est que nous pouvons prendre un nouveau départ. Nous pouvons aussi énumérer les échecs d'institutions ou de systèmes qui nous sont proches et chers. La bonne nouvelle, c'est que le passé peut être pardonné. Dieu offre une deuxième chance à des gens comme Pierre, dont le reniement apparaissait comme un échec vraiment terrible, et à des gens comme nous, quels qu'aient pu être nos échecs. La question adressée à Pierre devient une question à chacun d'entre nous : 'M'aimes-tu ?' Quand nous répondons par l'affirmative, la réponse de Dieu est toujours la même : 'Fais paître mes agneaux, prend soin de mes brebis.'

Un peu plus tôt, Jésus avait conduit les disciples à une pêche stupéfiante qui avait rempli les barques à ras bord ; puis il les avait tous invités à un déjeuner sur la plage. C'est après cette généreuse démonstration de grâce, de bonté et d'amour que Pierre a eu l'occasion de déclarer son amour et de prendre un nouveau départ dans la fidélité. Et comme Pierre déclarait son amour, Jésus a donné quelques indications au sujet de ce qu'il allait advenir de ce fidèle disciple :

> « 'En vérité, en vérité, je te le dis, quand tu étais jeune, tu nouais ta ceinture et tu allais où tu voulais ; lorsque tu seras devenu vieux, tu étendras les mains et c'est un autre qui nouera ta ceinture et qui te conduira là où tu ne voudrais pas.' Jésus parla ainsi pour indiquer de quelle mort Pierre devait glorifier Dieu. Et après cette parole, il lui dit : 'Suis-moi.' » (Jean 21 :18-19)

Tous les disciples ne sont pas devenus des martyrs, mais tous ont probablement été conduits là où ils n'avaient pas eu l'intention d'aller. Quand nous répondons oui à l'appel d'amour de Dieu, nous sommes libérés de beaucoup de choses et notre liberté en Christ est un merveilleux cadeau qui nous remplit de joie. Mais nous aussi allons probablement être menés là où nous n'aurons pas eu l'intention d'aller. Les disciples de Jésus jouissent d'une grande liberté en Christ et font également preuve d'une grande loyauté à l'égard de la voie du Christ. Par conséquent, dès lors qu'ils demeurent en Dieu et cherchent à vivre une vie de loyauté, de fidélité et d'intégrité, ils sont souvent appelés tant à l'action qu'à la modération.

Les pages que vous avez lues promettent une manière de vivre visant à changer votre monde. Trois règles simples, qui peuvent être facilement comprises et appliquées tous les jours, par tout le monde, une vie durant, sont au cœur de cette manière de vivre. C'est une manière de vivre qui peut garder votre vie de faire le mal et vous rend capable de faire le bien. Une manière de vivre qui offre un moyen de demeurer dans l'amour de Dieu dans ce monde et dans le monde à venir. Une manière de vivre qui offre un moyen de revendiquer et de jouir de la totalité de votre héritage d'enfants de Dieu. Presque trop beau pour être vrai, n'est-ce pas ? Mais le fait est que ceux qui ont appliqué ces trois règles simples ont découvert que leur monde a changé et qu'ils ont été mis en mesure de réclamer tout leur héritage d'enfants de Dieu. Voulez-vous, aujourd'hui, commencer à appliquer ces trois règles simples ?

Il serait évidemment absurde de penser que nous échapperons à ce que les premiers disciples n'ont pas pu éviter. Il y aura des difficultés, il y aura des tentations de revenir aux voies des royaumes de ce monde. Il y aura peut-être des moments où, comme les disciples avant nous, nous trébucherons et ferons des choses stupides telles que de nous disputer pour savoir qui sera le plus grand parmi nous. Mais la bonne nouvelle, c'est que nous pouvons surmonter notre reniement de la voie de Jésus, recevoir le pardon et reprendre notre vie de fidélité et de loyauté envers Dieu en Christ. Voulez-vous, aujourd'hui, commencer à appliquer ces trois règles simples ?

Les règles sont simples, mais le chemin n'est pas facile. Seuls ceux qui ont beaucoup de courage s'y lanceront et seuls ceux qui ont une foi profonde seront capables d'avancer sur ce chemin passionnant et ardu. Bien d'autres options s'offrent à notre choix, mais elles sont toutes des options mineures, menant à des résultats médiocres allant de mauvais à désastreux. La question de Jésus continue à être posée à chacun d'entre nous : « Ma fille, mon fils, m'aimes-tu ? » Et bien sûr, il n'y a qu'une seule réponse à donner : « Oui, Seigneur, toi qui connais toutes choses, tu sais que je t'aime. » La question qui se pose alors est la suivante : Sommes-nous prêts à choisir le chemin coûteux de cette manière de vivre fondée sur ces trois règles simples ? Je crois qu'il y en a beaucoup qui sont prêts à faire ce choix clair et saint aujourd'hui et je vais prier sans cesse pour que moi et tous ceux qui lisent ces pages fassent ce choix à nouveau, chaque matin.

Un guide pour la prière quotidienne

« Commence donc ! Réserve un moment de chaque jour pour tes exercices privés. Tu acquerras ainsi le goût que tu n'as pas. Ce qui au début est fastidieux, deviendra par la suite agréable. Que cela te plaise ou non, lis et prie chaque jour. Il y va de ta vie ; il n'y a pas d'autre chemin… Rends justice à ton âme ; donne lui le temps et les moyens de grandir. Ne te laisse pas mourir de faim plus longtemps. Porte ta croix et sois un chrétien complet. Alors, tous les enfants de Dieu se réjouiront…. » (John Wesley, *Letters to M. John Trembath* ; in *Works*, vol. 12 ; p. 254)

La prière est au centre d'une vie transformée. La manière de vivre wesleyenne est inconcevable et impossible sans une pratique régulière et disciplinée de la prière. Une telle vie de prière disciplinée sera aussi diverse et différente que le sont les empreintes digitales. Pour certains, ce sera le langage de prière formel, pour d'autres, une écoute tranquille dans la présence de Dieu ; mais pour tous, ce sera de se tourner vers Dieu en réponse à Son invitation à une relation à la fois éternelle et immédiate.

J'ai un ami qui parle de sa vie de prière comme étant
« de rester en contact avec la centrale. » D'autres amis
décrivent leurs vies de prières comme étant avant tout
verbales ou faites principalement de lectures et de
réponses à l'Ecriture ; d'autres cherchent comment
répondre à l'appel biblique de 'priez sans cesse' (1 Thes-
saloniciens 5 : 17). D'autres encore prennent pour eux
l'ancienne liturgie et les prières de l'Eglise.

Et pourtant, au sein de toute cette diversité, il y a
une constante unificatrice. Cette constante unificatrice consiste en un mouvement vers Dieu qui amène
à une transformation de la vie et de la manière dont
la vie est valorisée et vécue au travers des expériences
quotidiennes de notre existence. C'est cette manière
de vivre transformée et transformante, ce renforce-
ment du lien qui nous lie à Dieu, que nous recherchons quand nous essayons d'appliquer les trois
simples règles offertes par John Wesley au mouvement méthodiste naissant, et maintenant à nous.

Afin de nous rappeler la prière quotidienne et de
nous aider à la pratiquer, j'ai ajouté une brève esquisse
de liturgie pour le début, le milieu et la fin de la
journée. Chacune de ces courtes sections liturgiques
comprend plusieurs éléments qui contribuent à une
vie de prière. Je vous invite à incorporer ces exercices

simples dans votre programme quotidien. Le temps indiqué et le contenu proposé pour chaque élément est entièrement laissé à votre appréciation. Certains choisiront des passages de l'Ecriture différents dans un lectionnaire et des prières qui nous ont été transmises par d'autres. Ce qui est important, c'est que l'Ecriture et les prières vous parlent et vous aident à prendre conscience chaque jour de la présence de Dieu et à rester en contact avec elle.

Il y a plusieurs façons de prier et le schéma proposé ici n'a pas de mérite particulier. Vous avez peut-être déjà une manière de prier bien établie, qui maintient votre relation avec Dieu vivifiante et vivante. Vous pratiquez peut-être déjà une forme de prière qui porte des fruits de transformation dans votre vie et dans votre manière de vivre. S'il en est ainsi, continuez absolument, au moment de vous approprier les trois simples règles de Wesley, à faire ce que vous faites déjà. Si vous n'avez pas une telle façon de prier, je vous invite à commencer avec celle qui est indiquée ici, jusqu'à ce que votre propre formule soit devenue une manière de vivre qui vous maintient attaché à Dieu par les liens de l'amour, de la foi et d'une confiance radicale.

Prière du matin

INVOQUER L'INTERVENTION DE DIEU DANS NOS VIES

Maître aimé, viens et installe ta demeure dans nos cœurs aujourd'hui. Habite en nous tout au long de ce jour et sauve-nous de toute erreur et de toute voie insensée. Apprends-nous aujourd'hui à ne pas faire le mal, à faire le bien et aide-nous à demeurer dans une relation d'amour avec toi et notre prochain. Aide-nous aujourd'hui à être une réponse à la prière de quelqu'un d'autre, afin que nous puissions être des signes d'espérance dans le monde que tu aimes.

LECTURE BIBLIQUE

« Tu me fais connaître la route de la vie ;
   la joie abonde près de ta face,
   à ta droite les délices éternelles »
(Psaume 16 : 11).

Vous pouvez choisir de méditer chaque jour sur un passage différent. Il existe des guides pour la lecture quotidienne de la Bible qui peuvent vous aider dans la méditation d'un passage biblique.

Trois règles simples

MEDITATION

Réfléchissez à la signification de ce passage de l'Ecriture pour votre vie, aujourd'hui. Prenez au sérieux toute réponse amenée par le texte que vous avez choisi de lire.

PRIERE

Un temps de prières de reconnaissance et d'intercession au moment de commencer la journée.

OFFRANDE

« Je suis la servante du Seigneur. Que tout se passe pour moi comme tu me l'as dit » (Luc 1 : 38). Nous offrir nous-mêmes à Dieu pour être utilisés en ce jour selon la volonté de Dieu.

LA PROMESSE DE DIEU

« Et moi, je suis avec vous tous les jours jusqu'à la fin des temps » (Matthieu 28 : 20b).

Prière de midi

ACCUEIL DE LA PRESENCE DU DIEU

Dieu d'amour, de sainteté et de force, nous te remercions pour le don de ta présence pendant les heures de cette matinée. Continue à te révéler à nous et à nous faire connaître tes voies au long des heures restantes de cette journée. Accorde-nous ta grâce, pour que nous te suivions dans la fidélité, la joie et la paix. Nous sommes à toi.

SILENCE

« Parle, SEIGNEUR, ton serviteur écoute » (1 Samuel 3 : 9). Etre à l'écoute de Dieu en ce moment où nous attendons d'être instruit et guidé pour les heures restantes de la journée.

REPONSE

« Il est le SEIGNEUR. Qu'il fasse ce que bon lui semble » (1 Samuel 3 : 18b).

PRIERE

Exprimer la gratitude pour la grâce et la direction promises par Dieu et déjà reçues aujourd'hui.

Trois règles simples

BENEDICTION

« Je m'attache à toi de toute mon âme,
et ta droite me soutient » (Psaume 63 : 8).

Prière du soir

INVOQUER L'ACTION DE DIEU

Tendre berger de mon âme ; révèle-toi à moi et fais-moi connaître ta voie en ce temps de prière et de méditation du soir. Rends-moi conscient de mes fautes et donne-moi confiance dans ton désir et ta capacité à pardonner mes péchés, guérir mes blessures et réparer mes fractures. Par la puissance de ta présence, conduis-moi au bout de cette journée intact, complet et en paix avec toi, mon prochain et moi-même. Accorde-moi une nuit de repos paisible et envoie-moi demain comme témoin de ton amour et de ta grâce.

UNE REQUÊTE PERMANENTE

« Crée pour moi un cœur pur, Dieu ;
    enracine en moi un esprit tout neuf.
Ne me rejette pas loin de toi,
    ne me reprends pas ton esprit saint ;
    Rends-moi la joie d'être sauvé » (Psaume 51 : 12-14a).

LECTURE BIBLIQUE

« Dieu, garde-moi, car j'ai fait de toi mon refuge.
Je dis au SEIGNEUR : 'C'est toi le Seigneur !
    Je n'ai pas de plus grand bonheur que toi !' »
(Psaume 16 : 1-2).

Trois règles simples

Souvenir

Un temps de réflexion sur les expériences de la journée. Noter les expériences positives et négatives et demander : « Quelle a été ma contribution à chacune d'entre elles ? Que me dit Dieu à travers le vécu de cette journée ? »

Confession

Un temps d'admission de ses propres faiblesses, fautes et péché.

Pardon

Un temps pour demander et accepter le pardon de Dieu. Et un temps pour offrir le pardon à nous-même et à tous ceux qui ont pu nous blesser, nous ou ceux que nous aimons.

Reconnaissance

Exprimer sa reconnaissance pour chacun des dons de vie que Dieu nous a accordés aujourd'hui.

Offrande

« Je m'engage maintenant envers toi, ô Christ,
à lier mon sort au tien quel qu'il soit.
Par ta grâce, je promets
que ni la vie ni la mort ne me sépareront de toi »

(Culte d'alliance de John Wesley, *The United Methodist Book of Worship*, The United Methodist Publishing House ; p. 293).

BENEDICTION

Pardonnés, libres du péché et des poids de la vie, recevez la paix du Christ pour une nuit reposante et rafraîchissante, enlacés par les bras éternels de Dieu.

« Je me couche et m'endors,
   car toi seul, SEIGNEUR, me fais demeurer en
      sécurité » (Psaume 4 : 8).

« Telles sont les Règles générales des « Sociétés Unies » que Dieu lui-même nous enseigne à pratiquer par sa Parole écrite, autorité unique et suffisante pour notre conduite aussi bien que pour notre foi. Toutes ces règles, nous savons que Dieu les grave dans les cœurs vraiment réveillés. »

— *Règlement de l'Eglise, 2004* ; Art. 103

Les Règles générales
de nos « Sociétés Unies »

Vers la fin de l'an 1739, une dizaine de personnes étant profondément convaincues de péché et aspirant ardemment à la rédemption se rendirent chez Wesley, à Londres. Ces personnes, renforcées dès le lendemain de deux ou trois nouveaux venus, voulaient que leur hôte consacrât quelques moments à prier avec elles et qu'il leur enseignât à fuir la colère à venir dont elles se sentaient menacées. Pour consacrer plus de temps à cette œuvre de capitale importance, il leur fixa un jour où tous les intéressés devraient se réunir. Ce fut le jeudi soir de chaque semaine. Beaucoup d'autres personnes se joignirent à ce petit groupe de fidèles qui s'accrût de jour en jour. Wesley leur donnait les conseils qu'il jugeait le mieux appropriés et les réunions se terminaient toujours par une prière adaptée aux divers besoins exprimés par les personnes assemblées.

Telle fut l'origine des « Sociétés Unies », d'abord en Europe, puis en Amérique. Ce sont tout simplement « des associations de personnes qui ont eu les formes de la piété et qui se sont préoccupées d'y trouver la force renouvelante. Elles se sont groupées pour prier, entendre une parole d'exhortation, veiller avec affection les unes sur les autres et s'entraider dans l'œuvre de leur salut. »

Pour mieux s'assurer que chacun travaille vraiment à son salut, chaque société est répartie en groupements plus petits appelés « classes », réunissant les membres rapprochés par leur domicile. Chaque classe compte une douzaine de membres, dont l'un est désigné comme chef. Il doit :

1. Visiter chaque membre de sa classe au moins une fois par semaine pour s'informer de ses progrès spirituels, le conseiller, le reprendre, le consoler ou l'exhorter selon les circonstances, et recevoir ses dons pour les pasteurs, l'Église et les pauvres.

2. Se rencontrer une fois par semaine avec le pasteur et les membres responsables de la communauté pour : premièrement, communiquer au pasteur le nom des malades ou ceux qui vivent dans le dérèglement et résistent à la répréhension ; deuxièmement, verser aux gérants les contributions volontaires qu'il a reçues dans sa classe pendant la semaine écoulée.

Une seule condition préalable est exigée de quiconque demande son admission dans ces « Sociétés

Unies » : « le désir de fuir la colère à venir et d'être sauvé de ses péchés. » Partout où ce désir est profondément enraciné dans une âme, il se manifeste par des fruits.

On attend donc de quiconque veut devenir ou demeurer membre de la « Société » qu'il donne de son désir persévérant d'être sauvé, cette première preuve :
Ne pas faire le mal ; l'éviter au contraire sous toutes ses apparences et spécialement sous ses formes les plus courantes, telles que :
- Prendre le nom de Dieu en vain ;
- Profaner le jour du Seigneur, soit en se livrant à son travail ordinaire, soit en achetant ou en vendant comme les autres jours ;
- S'enivrer ; acheter ou vendre des boissons alcooliques, en consommer sans nécessité urgente ;
- Employer ou faire la traite des esclaves ;
- Quereller, chicaner, frapper, intenter des procès à des frères, rendre le mal pour le mal, l'injure pour l'injure ; tromper en achetant ou en vendant ;
- Acheter ou vendre des marchandises introduites en fraude ;
- Accorder ou accepter des prêts à un taux usuraire et illégal ;

- S'adonner aux conversations peu charitables ou frivoles, et spécialement médire des magistrats et des pasteurs ;
- Faire aux autres ce qu'on ne voudrait pas qu'on nous fît ;
- Faire ce qu'on sait être contraire à la gloire de Dieu, par exemple : porter de l'or et des vêtements luxueux ;
- Prendre part à des divertissements inavouables devant le Christ ;
- Chanter des chansons ou lire des livres contraires à la connaissance et à l'amour de Dieu ;
- User d'indulgence excessive envers soi-même ;
- S'amasser des trésors sur la terre ;
- Emprunter sans probabilité de rembourser, ou prendre à crédit sans probabilité de pouvoir payer plus tard.

On attend encore de quiconque veut demeurer membre de la « Société » qu'il donne de son désir persévérant d'être sauvé cette deuxième preuve :

Faire le bien. En étant miséricordieux en toute occasion, de toutes les manières, et, pour autant que cela soit possible, envers tous les hommes, c'est-à-dire :
- En ce qui concerne le corps : selon les moyens que Dieu accorde, nourrir ceux qui ont faim, vêtir ceux qui sont nus, visiter et secourir les malades ou les prisonniers.

- En ce qui concerne les âmes : instruire, reprendre et exhorter tous ceux avec qui l'on est en relations, méprisant le préjugé en vertu duquel on ne devrait faire le bien que lorsqu'on y est naturellement poussé.

- Faire le bien tout spécialement à l'égard des frères en la foi ou de ceux qui aspirent à le devenir : en leur accordant la préférence dans les affaires, en achetant les uns chez les autres, en s'entraidant dans les affaires, ce qui est d'autant plus légitime que le monde aime les siens et ceux-là seulement.

- Faire le bien, c'est encore déployer tout son zèle et observer autant que possible les règles de la tempérance, afin que l'évangile ne soit pas critiqué.

- C'est courir avec persévérance vers le but, renoncer à soi-même et se charger chaque jour de sa croix, supporter l'opprobre du Christ, se laisser traiter comme la balayure et le rebut du monde, et accepter, pour l'amour du Seigneur, d'être accusé faussement par les hommes.

On attend enfin de quiconque veut demeurer membre de la «Société» qu'il donne, de son désir persévérant d'être sauvé, cette troisième preuve :

Faire usage de tous les moyens de grâce institués par Dieu, à savoir :

Trois règles simples

- le culte public ;
- l'écoute de la Parole, lue ou commentée ;
- la sainte-cène ;
- le culte personnel et le culte de famille ;
- l'étude des Écritures ;
- le jeûne et l'abstinence.

Telles sont les Règles générales des « Sociétés Unies » que Dieu lui-même nous enseigne à pratiquer par sa Parole écrite, autorité unique et suffisante pour notre conduite aussi bien que pour notre foi. Toutes ces règles, nous savons que Dieu les grave dans les cœurs vraiment réveillés. Si quelqu'un parmi nous ne les observe pas et prend l'habitude de les transgresser, qu'il soit signalé à ceux qui ont charge de veiller sur cette âme comme devant en rendre compte. Nous l'avertirons de son erreur. Nous le supporterons encore quelque temps. Mais, s'il ne se repent pas, sa place ne sera plus parmi nous. Notre responsabilité à son égard n'est plus engagée (*Règlement de l'Eglise, 2004* ; Art. 103).

*9 7 8 0 6 8 7 6 5 4 4 3 7 *